KB263581

신심명 독송·사경

일타스님·김현준 편역

새벽숲

이 '신심명信心銘'은
중국 선종의 제3조인 승찬대사僧璨大師께서 지은 글이며,
일타스님께서 번역하여 『법공양문』에 실은 글을 바탕으로 삼아,
불교신행연구원 김현준원장이 읽고 이해하기 좋게 4·4·5자의
게송 형태로 윤문하였습니다.
※『신심명 독송·사경집』 원문은 성철스님의 해설본을 기준으로 할 때 이전과
　　몇 글자 차이가 있는데, 여기에서는 성철스님 해설본 원문을 따랐습니다.

1. 신심명을 지으신 승찬대사

❀

중국 선종의 제2조인 혜가慧可 스님이 65세가량 되었을 때(551년), 40세쯤 된 남자가 찾아와서 성명도 밝히지 않은 채 절을 하고 청했습니다.

"죄업이 많아 오래전부터 깊은 병을 앓고 있습니다. 화상께서 죄를 참회시켜 주십시오〔請和尙懺罪〕."

"그 죄업을 이리 내놓아라. 너의 죄업을 참회시켜 주마〔將罪來 與汝懺〕."

남자는 묵묵히 있다가 말했습니다.

"아무리 찾아도 죄를 찾을 수가 없습니다〔覓罪了不可得〕."

"죄업을 찾으려 하여도 찾을 수가 없으니, 너의 죄는 모두 참회하여 마쳤노라〔與汝懺罪竟〕.

앞으로는 불·법·승 삼보에 의지하여라."

"지금 스님을 뵈오니 승보가 무엇인지를 알겠는데, 불보와 법보는 어떠한 것입니까?"

"마음이 부처요 마음이 법이다〔是心是佛 是心是法〕. 부처와 법은 둘이 없고 승보 또한 그러하다."

"제자는 오늘에야 비로소 죄의 성품이 안팎이나 중간에 있지 않고, 마음과 부처와 법이 다름없음을 알았습니다. 이제 저의 몸과 마음이 개운하옵니다."

"너는 나의 보석이다. 승찬僧璨이라 이름하리라. 그리고 달마대사께 받은 밝은 법을 너에게 전하니 잘 지켜라."

ॐ

이렇게 하여 도를 얻은 승찬스님(?~606)은 중국 선종의 제3조가 되었는데, 이분이 쓴 『신심명』은 선종 최고의 법문으로 독송 되고 있습니다.

2. 신심명의 핵심 내용

이 신심명의 핵심은 신심信心입니다. 여기에서의 신심은 일반적으로 말하는 단순한 믿음이 아니라, 믿음〔信〕과 마음〔心〕이 둘이 아니라는 내용을 담고 있습니다. 그냥 단순히 믿는 마음으로 신앙생활을 하는 것이 아니라, 생각을 일으키는 마음과 마음에 대한 믿음이 둘이 아니라는 사실을 분명히 알면, 지극한 도를 완전히 체득할 수 있게 된다는 것입니다.

네 글자를 한 구절로 삼으면 신심명의 원문은 총 146구절이요, 글자수는 584자밖에 되지 않지만, 이 짧은 글 속에 불교의 모든 법문이 들어 있습니다. 선종의 1천7백 가지 화두話頭의 해답이 다 갖추어져 있고, 팔만대장경의 심오한 도리가 빠짐없이 들어 있습니다.

이처럼 귀한 신심명의 근본 골자는 상대적인 것을 떠난 중도中道에 있습니다. 미움과 사랑, 맞고 어긋남, 옳고 그름 등의 양극단 속에서 중생들은 불안해하고 힘들어합니다. 아울러 끊임없이 대상 속으로 빠져들어서, 번민하고 부딪히는 중생의 삶을 벗어나지 못한 채 괴로워합니다. 현실이 이러하거늘 어찌 해탈과 행복의 자리로 나아갈 수 있겠습니까?

그런데 신심명은 상대적인 개념들을 떠난 중도의 도리를 설하여, 우리로 하여금 선열과 해탈의 환희를 느끼게 합니다. 그래서 신심명은 애써 풀이할 필요가 없습니다. 독송을 하다 보면, 또 글을 쓰다가 보면 무언가를 느끼게 되고, 체했던 것이 뚫리고 맺혔던 것이 풀리는 것을 스스로 느끼게 됩니다.

저 또한 그러했습니다. 평생 동안, 제 삶과 제 수행에 문제가 있으면 신심명을 읽고 쓰고 마음에 새겼습니다. 그랬더니 모든 문제가 저절로 녹고 풀리고 편안해졌습니다.

신심명 첫 구절에서 분명히 이르지 있지 않습니까.

'지도무난至道無難 유혐간택 唯嫌揀擇'이라고!

군더더기 소리 그만하렵니다. 그냥 신심명의 세계 속으로 들어가 봅시다.

3. 독송 및 사경의 영험

「신심명」을 독송하고 써 보라. 예부터 신심명을 눈으로 보고 입으로 외우고 손으로 쓰고 마음에 새기면 크나큰 성취가 다가온다고 하였는데, 특히 다음과 같은 원의 성취에는 신심명의 독송과 사경이 매우 유용합니다.

· 쾌락하고 청량한 삶을 이루고자 할 때

· 평화로움과 복되고 안정된 삶을 원할 때

· 스스로 성숙하고 해탈을 얻는 삶을 원할 때

· 불법 속에서 흔들림 없는 믿음을 얻고 크게 향상하고자 할 때

· 마음을 닦아 빨리 무상보리를 이루고자 할 때

· 불보살님의 가피 속에서 업장을 녹이고 소원들을 이루고자 할 때

· 각종 시험의 합격과 높은 자리로 승진되기를 바랄 때

· 가정의 평화를 저절로 이루고자 할 때

· 자리이타自利利他의 삶을 원할 때

· 세세생생 훌륭한 선지식을 만나 불법을 잘 배우고자 할 때

· 부처님의 법문을 잘 통달하고 참다운 법공양을 하고자 할 때

이 밖에도 「신심명」 독송 및 사경의 영험은 이루 다 말할 수 없습니다.

1. 신심명을 독송하기 전에

①먼저 3배를 올리고 '부처님, 감사합니다.'를 세 번 염한 다음, 이 책을 펼쳐 들고 축원부터 세 번 합니다.

"시방세계 충만하신 불보살님이시여, 세세생생 지은 죄업을 모두 참회하오며, 신심명을 독송하고 사경하는 공덕을 저희 가족의 건강과 평안과 행복과 해탈, 일체중생의 행복과 깨달음에로 회향하옵니다." (3번)

②이렇게 기본적인 축원을 하고, 꼭 성취되기를 바라는 일이 있으면 추가로 축원을 하십시오. 이 경우에는 각자의 원願에 맞게 적당한 문구를 만들어, 이 책 11페이지에 있는 '신심명 독송 사경 발원문' 난에 써 놓고 축원을 하면 됩니다. 이때의 축원은 어떠한 것이라도 좋습니다. 꼭 이루어졌으면 하는 소원들을 솔직하게 바치면 됩니다.

③축원을 한 다음 「개경게」와 「개법장진언」 '옴 아라남 아라다'를 염송합니다. 흔히 정구업진언·오방내외안위제신진언·「개경게」와 「개법장진언」으로 구성된 「전경轉經」을 모두 외우기도 하는데, 「개경게」와 「개법장진언」만으로 족합니다.

개법장진언 다음에는 '나무 삼조 승찬대사 신심명'을 세 번 외우고 독송을 시작하며, 이때 이 책 앞부분에 수록한 '독송용 신심명' 전체를 한 번 읽습니다.

2. 신심명을 사경할 때

①독송용 신심명을 읽은 다음, 신심명을 사경할 때는 옅게 인쇄된 글씨에 덧입혀서 쓰면 됩니다. 만약 한문이 익숙하지 않다면 한문은 읽기만 하고 한글 부분만 써도 좋습니다. 그러나 가능한 한 한문도 쓰기를 권합니다.

②사경을 할 때 바탕 글씨와 똑같은 글자체로 쓰려고 애를 쓰는 분이 있는데, 꼭 그렇게 쓸 필요는 없습니다. 바탕 글씨를 크게 벗어나지 않는 범위 내에서 자기 필체로 쓰면 됩니다.

③사경을 하다가 이해가 잘 되지 않거나 뜻이 잘 통하지 않을 때는 그 뜻이 무엇일까 사색을 해 보는 것이 좋습니다. 이렇게 내용을 익히며 사경을 하게 되면 신심명이 보다 빨리 '나'의 것이 되고, 무량공덕이 저절로 쌓이게 됩니다.

④그날 해야 할 사경의 양을 마쳤으면 다시 스스로가 만든 '신심명 독송 사경 발원문'을 읽고 3배를 드린 다음 끝을 맺습니다.

· 독송 및 사경의 기간과 횟수

①이 「신심명 독송·사경집」은 앞부분에 '독송용 신심명'을 두었고(P. 13~25), 뒷부분에 신심명을 5번 사경할 수 있도록 엮었습니다(P. 27~91). 이 신심명 독송 및 사경은 많이 할수록 좋겠지만, 먼저 50번의 독송 및 사경을 감히 권해 봅니다.(책 수로는 10책)

②사경을 할 때 인쇄된 글씨 위에 덧입혀서 자기 필체로 편안하게 쓰게 되면 한 페이지를 쓰는 데 5분~7분 정도 걸리며, 신심명 전체를 다 쓰는 데는 1시간보다 조금 더 소요됩니다.

시간이 넉넉하거나 원이 간절할 때는 하루에 1번은 꼭 쓰는 것이 바람직합니다. 그러나 시간을 내기 어려우면 전체를 한 번 독송한 다음에, 사경은 세 부분(제목~분연실심, 이유일유~만법일여, 일여체현~끝까지)으로 나누어 3분의 1씩 쓰도록 하십시오.

③부득이한 일이 발생하여 독송과 사경을 못 하게 될 경우에는 꼭 마음속으로 부처님께 못 쓰게 된 사정을 고하고, '다음 날 또는 기도 기간을 하루 더 연장하여 반드시 쓰겠다'고 약속하면 됩니다.

※ 사경을 할 때는 연필·볼펜 또는 가는 수성펜 등으로 쓰면 좋습니다.

※ 사경한 다음, 어떻게 처리해야 되느냐를 묻는 이들이 많은데, 정성껏 쓴 사경집을 집안에 두면 불은이 충만하고 삿된 기운이 침범하지 못하게 되므로, 집안에서 좋다고 생각되는 위치에 잘 모셔 두십시오. 경전 등을 태우는 것은 큰 불경이므로 함부로 태우면 안 됩니다.

깊은 믿음으로 환희심을 품고 신심명 독송 및 사경을 하게 되면 가피를 입어, 소원을 원만하게 성취함은 물론이요 크나큰 향상과 깨달음이 함께 한다고 하였습니다.

여법히 잘 독송하고 사경하시기를 두 손 모아 축원 드립니다.

나무 삼조 승찬대사 신심명

개경게

가장 높고 심히 깊은 부처님 법문
백천만 겁 지나간들 어찌 만나리
저희 이제 보고 듣고 받아 지녀서
부처님의 진실한 뜻 깨치오리다

開經偈

무상심심미묘법
無上甚深微妙法
백천만겁난조우
百千萬劫難遭遇
아금문견득수지
我今聞見得受持
원해여래진실의
願解如來眞實意

개법장진언 옴 아라남 아라다 (3번)

나무 삼조 승찬대사 신심명 (3번)

독송용 신심명

信心銘
신 심 명

至道無難 지극하게 참된 도는 어려움 없네

唯嫌揀擇 꺼릴 것은 오직 하나 간택심이니

但莫憎愛 밉다 곱다 분별하는 마음 없으면

洞然明白 탁 트여서 뚜렷하고 분명하도다

毫釐有差 털끝만한 차이라도 생기게 되면

天地懸隔 하늘과 땅 만큼이나 벌어지나니

欲得現前 이 자리에 나타나기 바랄진대는

莫存順逆 맞다거나 어긋난다 하지를 말라

違順相爭　어긋난다　맞다 하며　다투게 되면
是爲心病　그 다툼이　곧 마음의　병이 되건만
不識玄旨　깊은 뜻을　분명하게　알지 못한 채
徒勞念靜　생각만을　고요하게　하려 하누나

圓同太虛　원만함이　가이없는　허공 같아서
無欠無餘　모자람과　남는 것이　전혀 없건만
良由取捨　취하거나　버림으로　말미암아서
所以不如　허공처럼　원만하게　되지 못하네

莫逐有緣　인연들을　좇아가려　하지도 말고
勿住空忍　공의 법에　머물고자　하지도 말라
一種平懷　한 가지를　계속 품고　나아갈지면
泯然自盡　헛된 것은　제 스스로　다하느니라

止動歸止　동함 멈춰　그침으로　돌아갈지면
止更彌動　그침 다시　동요하여　움직이나니
唯滯兩邊　양쪽 끝에　머물러서　막혀 있거늘
寧知一種　어찌 능히　한가지를　알 수 있으리

一種不通　한가지에　통하지를　못하게 되면
兩處失功　양쪽 끝에　머물러서　공덕 잃나니
遣有沒有　있는 유를　버릴지면　유에 빠지고
從空背空　텅빈 공을　따를지면　공을 등지네

多言多慮　말이 많고　생각들이　많은 이들은
轉不相應　그릇 굴러　참된 도와　상응 못하고
絕言絕慮　말을 끊고　생각들을　끊어 버리면
無處不通　어디에든　걸림 없이　통하게 되네

歸根得旨　근원으로　돌아가면　본뜻을 얻고

隨照失宗　바깥 비춤　따라가면　본뜻 잃나니

須臾返照　잠깐 동안　스스로를　반조하는 것

勝脚前空　앞서 말한　공보다 더　뛰어나니라

前空轉變　앞의 공이　다시 굴러　변하게 되면

皆由妄見　모두가 다　망견으로　뒤바뀌나니

不用求眞　애써 참됨　구하려고　하지를 말고

唯須息見　오직 헛된　견해들을　쉬어 보아라

二見不住　맞고 그른　두 견해에　머물지 말고

愼勿追尋　애써 도를　찾겠다고　하지도 말라

纔有是非　조그마한　시비라도　일으킬지면

紛然失心　어지러워　본마음을　잃게 되노라

二由一有　　둘은 일로　말미암아　있는 것이니
一亦莫守　　하나마저　지키려고　하지를 말라
一心不生　　한 마음이　생겨나지　아니하면은
萬法無咎　　모든 법의　허물들이　없어지노라

無咎無法　　허물들이　없어지면　법 또한 없고
不生不心　　불생이면　마음이랄　것도 없으니
能隨境滅　　주체는 곧　대상 따라　멸하게 되고
境逐能沈　　대상들은　주체 좇아　가라앉노라

境由能境　　대상들은　주체 좇아　생긴 것이요
能由境能　　주체는 곧　대상 따라　생겨나나니
欲知兩段　　양쪽 모두　바로 알기　바랄진대는
元是一空　　원래부터　일공임을　알아야 하네

一空同兩　　일공이면　양쪽 모두　같을뿐더러

齊含萬象　　삼라만상　모두를 다　포함하나니

不見精麁　　정밀함과　거친 것을　구분 않는데

寧有偏黨　　한쪽으로　치우침이　어찌 있으리

大道體寬　　이 대도는　그 바탕이　넓고도 커서

無易無難　　쉬운 것도　어려움도　전혀 없건만

小見狐疑　　여우처럼　소견으로　의심을 내니

轉急轉遲　　서둘수록　도리어 더　늦어지노라

執之失度　　집착하여　애를 쓰면　법도를 잃어

必入邪路　　틀림없이　삿된 길로　들어서나니

放之自然　　그냥 놓아　자연스레　맡겨 두어라

體無去住　　본 바탕에　가고 머묾　어찌 있으리

任性合道　내 본성에　그냥 맡겨　도와 합하면
逍遙絶惱　번뇌 모두　끊어져서　걸림이 없고
繫念乖眞　내 생각에　얽매여서　참됨 어기면
昏沈不好　혼침 속에　빠져들어　좋지가 않다

不好惱神　번뇌롭고　어지러워　좋지 않은데
何用疎親　무엇 하러　친과 소를　따지려느뇨
欲趣一乘　일승으로　나아가기　바랄진대는
勿惡六塵　바깥 육진　경계들을　싫어 말아라

六塵不惡　육진 경계　싫어하지　아니 할지면
還同正覺　되돌려서　바른 깨침　이루게 되니
智者無爲　지혜인은　이루려고　애씀 없건만
愚人自縛　우인들은　스스로를　얽어매노라

法無異法　법은 본래 다른법이 있지 않건만

妄自愛着　허망되이 스스로가 애착을 가져

將心用心　마음으로 제마음을 찾고있으니

豈非大錯　어찌 크게 그릇되지 아니하리오

迷生寂亂　미혹하면 고요함과 산란함 있고

悟無好惡　깨달으면 좋고싫음 없게 되건만

一切二邊　모든것을 두가지로 나누어 놓고

良由斟酌　제 스스로 허망되이 짐작하누나

夢幻空華　헛된꿈과 허깨비와 허공의 꽃을

何勞把捉　어찌 애써 붙잡으려 하는 것인가

得失是非　얻고잃고 옳고 그른 모든 것들을

一時放却　한꺼번에 모두 놓아 버릴지어다

眼若不睡　만약 눈에 잠이 붙어 있지 않으면

諸夢自除　모든 꿈이 제 스스로 사라지듯이

心若不異　내 마음이 한결같아 다름없으면

萬法一如　모든 법이 한가지로 여여하니라

一如體玄　한결같은 이 본체는 아주 깊어서

兀爾忘緣　우뚝 홀로 인연들을 모두 다 잊고

萬法齊觀　모든 법을 평등하게 관찰을 하여

歸復自然　제 스스로 자연으로 돌아가노라

泯其所以　이런저런 까닭들이 다 사라져서

不可方比　무엇과도 비교할 수 없게 될지면

止動無動　그치면서 움직이나 움직임 없고

動止無止　움직이며 그치지만 그침 없도다

兩旣不成 들이이미 성립되지 아니하거늘
一何有爾 하나인들 어찌하여 있을 것인가
究竟窮極 마지막의 구경자리 이르게 되면
不存軌則 법칙들이 따로있지 아니하노라

契心平等 내마음이 평등함에 계합을 하면
所作俱息 너와나를 모두함께 쉴 수가 있고
狐疑淨盡 여우같은 의심들이 다 없어져서
正信調直 바른믿음 조화롭게 서게 되노라

一切不留 모든것은 머무르지 아니하나니
無可記憶 가히기억 할만한 것 어디 있는가
虛明自照 허허로운 밝은광명 절로비추니
不勞心力 애써마음 써야할 일 따로없도다

非思量處　　분별하여　헤아릴길　전혀없으니
識情難測　　미한 중생　생각으로　알기 어렵네

眞如法界　　참되고도　한결같은　진여법계는
無他無自　　남도 없고　나도 또한　없음이로다
要急相應　　한시바삐　상응하기　원할진대는
唯言不二　　둘이 아닌　불이의법　말할지어다

不二皆同　　둘 아니니　모두에 다　다름없어서
無不包容　　포용하지　아니함이　없기 때문에
十方智者　　시방세계　지혜로운　모든 이들은
皆入此宗　　하나같이　이 종지로　들어오노라

宗非促延 이 종지는 빠르거나 늦음이없어

一念萬年 한 생각이 곧 그대로 만년이 되고

無在不在 있고있지 아니함이 따로없기에

十方目前 시방세계 이 자리에 펼쳐지노라

極小同大 지극하게 작은 것은 큰것과같아

忘絶境界 그 경계가 어디인지 알 수가없고

極大同小 아주 크면 작은것과 다를바없어

不見邊表 끝나는 곳 어떠한지 보지 못하네

有卽是無 있는것이 곧 그대로 없는것이요

無卽是有 없는것이 곧 그대로 있는것이니

若不如此 만약지금 이와 같지 아니 하거든

不必須守 모름지기 지금 자리 지키지 말라

一即一切　일즉일체　하나가 곧 모든 것이요

一切即一　일체즉일　일체가 곧 하나이니라

但能如是　다만 능히 이와 같이 되고 있다면

何慮不畢　어찌하여 못 마칠까 걱정을 하리

信心不二　믿을 신과 마음 심은 둘이 아니니

不二信心　신과 심이 둘이 아닌 신심이 되면

言語道斷　언어로써 표현할 길 다 끊어지고

非去來今　과거 미래 현재 또한 있지 않노라

사경용 신심명

信心銘
신심명

지 도 무 난
至道無難 　지극하게　참된도는　어려움없네

유 혐 간 택
唯嫌揀擇 　꺼릴것은　오직하나　간택심이니

단 막 증 애
但莫憎愛 　밉다곱다　분별하는　마음없으면

통 연 명 백
洞然明白 　탁트여서　뚜렷하고　분명하도다

호 리 유 차
毫釐有差 　털끝만한　차이라도　생기게되면

천 지 현 격
天地懸隔 　하늘과땅　만큼이나　벌어지나니

욕 득 현 전
欲得現前 　이자리에　나타나기　바랄진대는

막 존 순 역
莫存順逆 　맞다거나　어긋난다　하지를말라

違順相爭 어긋난다 맞다 하며 다투게 되면
是爲心病 그 다툼이 곧 마음의 병이 되건만
不識玄旨 깊은뜻을 분명하게 알지 못한 채
徒勞念靜 생각만을 고요하게 하려 하누나

圓同太虛 원만함이 가이없는 허공 같아서
無欠無餘 모자람과 남는 것이 전혀 없건만
良由取捨 취하거나 버림으로 말미암아서
所以不如 허공처럼 원만하게 되지 못하네

莫逐有緣 인연들을 좇아가려 하지도 말고
勿住空忍 공의 법에 머물고자 하지도 말라
一種平懷 한가지를 계속 품고 나아갈지면
泯然自盡 헛된것은 제 스스로 다하느니라

止動歸止 동함 멈춰 그침으로 돌아갈지면
止更彌動 그침 다시 동요하여 움직이나니
唯滯兩邊 양쪽 끝에 머물러서 막혀있거늘
寧知一種 어찌능히 한 가지를 알 수 있으리

一種不通 한 가지에 통하지를 못하게 되면
兩處失功 양쪽 끝에 머물러서 공덕 잃나니
遣有沒有 있는 유를 버릴지면 유에 빠지고
從空背空 텅빈 공을 따를지면 공을 등지네

多言多慮 말이 많고 생각들이 많은 이들은
轉不相應 그릇 굴러 참된 도와 상응 못하고
絶言絶慮 말을 끊고 생각들을 끊어 버리면
無處不通 어디에든 걸림없이 통하게 되네

歸根得旨　근원으로　돌아가면　본뜻을 얻고

隨照失宗　바깥 비춤　따라가면　본뜻 잃나니

須臾返照　잠깐 동안　스스로를　반조하는 것

勝脚前空　앞서 말한　공보다 더　뛰어나니라

前空轉變　앞의 공이　다시 굴러　변하게 되면

皆由妄見　모두가 다　망견으로　뒤바뀌나니

不用求眞　애써 참됨　구하려고　하지를 말고

唯須息見　오직 헛된　견해들을　쉬어 보아라

二見不住　맞고 그른　두 견해에　머물지 말고

愼勿追尋　애써 도를　찾겠다고　하지도 말라

纔有是非　조그마한　시비라도　일으킬지면

紛然失心　어지러워　본마음을　잃게 되노라

이유일유
二由一有 　둘은 일로 말미암아 있는 것이니

일역막수
一亦莫守 　하나마저 지키려고 하지를 말라

일심불생
一心不生 　한 마음이 생겨나지 아니하면은

만법무구
萬法無咎 　모든 법의 허물들이 없어지노라

무구무법
無咎無法 　허물들이 없어지면 법 또한 없고

불생불심
不生不心 　불생이면 마음이랄 것도 없으니

능수경멸
能隨境滅 　주체는 곧 대상 따라 멸하게 되고

경축능침
境逐能沈 　대상들은 주체 좇아 가라앉노라

경유능경
境由能境 　대상들은 주체 좇아 생긴 것이요

능유경능
能由境能 　주체는 곧 대상 따라 생겨나나니

욕지양단
欲知兩段 　양쪽 모두 바로 알기 바랄진대는

원시일공
元是一空 　원래부터 일공임을 알아야 하네

일 공 동 량
一空同兩　　일공이면　양쪽 모두　같을뿐더러

제 함 만 상
齊含萬象　　삼라만상　모두를 다　포함하나니

불 견 정 추
不見精麤　　정밀함과　거친 것을　구분 않는데

영 유 편 당
寧有偏黨　　한쪽으로　치우침이　어찌 있으리

대 도 체 관
大道體寬　　이 대도는　그 바탕이　넓고도 커서

무 이 무 난
無易無難　　쉬운 것도　어려움도　전혀 없건만

소 견 호 의
小見狐疑　　여우처럼　소견으로　의심을 내니

전 급 전 지
轉急轉遲　　서둘수록　도리어 더　늦어지노라

집 지 실 도
執之失度　　집착하여　애를 쓰면　법도를 잃어

필 입 사 로
必入邪路　　틀림없이　삿된 길로　들어서나니

방 지 자 연
放之自然　　그냥 놓아　자연스레　맡겨 두어라

체 무 거 주
體無去住　　본 바탕에　가고 머묾　어찌 있으리

任性合道　내 본성에　그냥 맡겨　도와 합하면
逍遙絶惱　번뇌 모두　끊어져서　걸림이 없고
繫念乖眞　내 생각에　얽매여서　참됨 어기면
昏沈不好　혼침 속에　빠져들어　좋지가 않다

不好惱神　번뇌롭고　어지러워　좋지 않은데
何用疎親　무엇 하러　친과 소를　따지려느뇨
欲趣一乘　일승으로　나아가기　바랄진대는
勿惡六塵　바깥 육진　경계들을　싫어 말아라

六塵不惡　육진 경계　싫어하지　아니할지면
還同正覺　되돌려서　바른 깨침　이루게 되니
智者無爲　지혜인은　이루려고　애씀 없건만
愚人自縛　우인들은　스스로를　얽어매노라

법 무 이 법
法無異法　법은 본래　다른 법이　있지 않건만

망 자 애 착
妄自愛着　허망되이　스스로가　애착을 가져

장 심 용 심
將心用心　마음으로　제 마음을　찾고 있으니

기 비 대 착
豈非大錯　어찌 크게　그릇되지　아니 하리오

미 생 적 난
迷生寂亂　미혹하면　고요함과　산란함 있고

오 무 호 오
悟無好惡　깨달으면　좋고 싫음　없게 되건만

일 체 이 변
一切二邊　모든 것을　두 가지로　나누어 놓고

양 유 짐 작
良由斟酌　제 스스로　허망되이　짐작하누나

몽 환 공 화
夢幻空華　헛된 꿈과　허깨비와　허공의 꽃을

하 로 파 착
何勞把捉　어찌 애써　붙잡으려　하는 것인가

득 실 시 비
得失是非　얻고 잃고　옳고 그른　모든 것들을

일 시 방 각
一時放却　한꺼번에　모두 놓아　버릴지어다

眼若不睡　만약 눈에 잠이 붙어 있지않으면
諸夢自除　모든 꿈이 제 스스로 사라지듯이
心若不異　내 마음이 한결같아 다름없으면
萬法一如　모든 법이 한가지로 여여하니라

一如體玄　한결같은 이 본체는 아주깊어서
兀爾忘緣　우뚝 홀로 인연들을 모두다 잊고
萬法齊觀　모든 법을 평등하게 관찰을 하여
歸復自然　제스스로 자연으로 돌아가노라

泯其所以　이런저런 까닭들이 다 사라져서
不可方比　무엇과도 비교할 수 없게 될지면
止動無動　그치면서 움직이나 움직임 없고
動止無止　움직이며 그치지만 그침없도다

양 기 불 성
兩旣不成　둘이이미　성립되지　아니하거늘

일 하 유 이
一何有爾　하나인들　어찌하여　있을것인가

구 경 궁 극
究竟窮極　마지막의　구경자리　이르게되면

부 존 궤 칙
不存軌則　법칙들이　따로있지　아니하노라

계 심 평 등
契心平等　내마음이　평등함에　계합을하면

소 작 구 식
所作俱息　너와나를　모두함께　쉴수가있고

호 의 정 진
狐疑淨盡　여우같은　의심들이　다없어져서

정 신 조 직
正信調直　바른믿음　조화롭게　서게되노라

일 체 불 류
一切不留　모든것은　머무르지　아니하나니

무 가 기 억
無可記憶　가히기억　할만한것　어디있는가

허 명 자 조
虛明自照　허허로운　밝은광명　절로비추니

불 로 심 력
不勞心力　애써마음　써야할일　따로없도다

非思量處 분별하여 헤아릴길 전혀없으니
識情難測 미한 중생 생각으로 알기 어렵네

眞如法界 참되고도 한결같은 진여법계는
無他無自 남도없고 나도또한 없음이로다
要急相應 한시바삐 상응하기 원할진대는
唯言不二 둘이아닌 불이의법 말할지어다

不二皆同 둘아니니 모두에다 다름없어서
無不包容 포용하지 아니함이 없기 때문에
十方智者 시방세계 지혜로운 모든이들은
皆入此宗 하나같이 이종지로 들어오노라

宗非促延　이 종지는 빠르거나 늦음이없어
一念萬年　한 생각이 곧 그대로 만년이 되고
無在不在　있고있지 아니함이 따로없기에
十方目前　시방세계 이 자리에 펼쳐지노라

極小同大　지극하게 작은것은 큰 것과같아
忘絶境界　그 경계가 어디인지 알 수가없고
極大同小　아주 크면 작은 것과 다를바없어
不見邊表　끝나는곳 어떠한지 보지 못하네

有卽是無　있는것이 곧 그대로 없는것이요
無卽是有　없는것이 곧 그대로 있는것이니
若不如此　만약 지금 이와같지 아니하거든
不必須守　모름지기 지금자리 지키지말라

一卽一切 일즉일체 하나가 곧 모든 것이요
一切卽一 일체즉일 일체가 곧 하나이니라
但能如是 다만 능히 이와 같이 되고 있다면
何慮不畢 어찌하여 못 마칠까 걱정을 하리

信心不二 믿을 신과 마음 심은 둘이 아니니
不二信心 신과 심이 둘이 아닌 신심이 되면
言語道斷 언어로써 표현할 길 다 끊어지고
非去來今 과거 미래 현재 또한 있지 않노라

信心銘
신 심 명

지 도 무 난
至道無難　　지극하게　참된도는　어려움없네

유 혐 간 택
唯嫌揀擇　　꺼릴것은　오직하나　간택심이니

단 막 증 애
但莫憎愛　　밉다곱다　분별하는　마음없으면

통 연 명 백
洞然明白　　탁트여서　뚜렷하고　분명하도다

호 리 유 차
毫釐有差　　털끝만한　차이라도　생기게되면

천 지 현 격
天地懸隔　　하늘과땅　만큼이나　벌어지나니

욕 득 현 전
欲得現前　　이자리에　나타나기　바랄진대는

막 존 순 역
莫存順逆　　맞다거나　어긋난다　하지를말라

위 순 상 쟁
違順相爭　　어긋난다　맞다 하며　다투게 되면

시 위 심 병
是爲心病　　그 다툼이　곧 마음의　병이 되건만

불 식 현 지
不識玄旨　　깊은 뜻을　분명하게　알지 못한 채

도 로 염 정
徒勞念靜　　생각만을　고요하게　하려 하누나

원 동 태 허
圓同太虛　　원만함이　가이없는　허공 같아서

무 흠 무 여
無欠無餘　　모자람과　남는 것이　전혀 없건만

양 유 취 사
良由取捨　　취하거나　버림으로　말미암아서

소 이 불 여
所以不如　　허공처럼　원만하게　되지 못하네

막 축 유 연
莫逐有緣　　인연들을　좇아가려　하지도 말고

물 주 공 인　　　空
勿住空忍　　공의 법에　머물고자　하지도 말라

일 종 평 회
一種平懷　　한 가지를　계속 품고　나아갈지면

민 연 자 진
泯然自盡　　헛된 것은　제 스스로　다하느니라

止動歸止 동함 멈춰 그침으로 돌아갈지면
止更彌動 그침다시 동요하여 움직이나니
唯滯兩邊 양쪽 끝에 머물러서 막혀있거늘
寧知一種 어찌 능히 한가지를 알 수 있으리

一種不通 한가지에 통하지를 못하게 되면
兩處失功 양쪽 끝에 머물러서 공덕 잃나니
遣有沒有 있는 유를 버릴지면 유에 빠지고
從空背空 텅빈 공을 따를지면 공을 등지네

多言多慮 말이 많고 생각들이 많은 이들은
轉不相應 그릇 굴러 참된 도와 상응 못하고
絶言絶慮 말을 끊고 생각들을 끊어 버리면
無處不通 어디에든 걸림 없이 통하게 되네

귀 근 득 지
歸根得旨　근원으로　돌아가면　본뜻을 얻고
수 조 실 종
隨照失宗　바깥 비춤　따라가면　본뜻 잃나니
수 유 반 조
須臾返照　잠깐 동안　스스로를　반조하는 것
승 각 전 공
勝脚前空　앞서 말한　공보다 더　뛰어나니라

전 공 전 변
前空轉變　앞의 공이　다시 굴러　변하게 되면
개 유 망 견
皆由妄見　모두가 다　망견으로　뒤바뀌나니
불 용 구 진
不用求眞　애써 참됨　구하려고　하지를 말고
유 수 식 견
唯須息見　오직 헛된　견해들을　쉬어 보아라

이 견 부 주
二見不住　맞고 그른　두견해에　머물지 말고
신 물 추 심
愼勿追尋　애써 도를　찾겠다고　하지도 말라
재 유 시 비
纔有是非　조그마한　시비라도　일으킬지면
분 연 실 심
紛然失心　어지러워　본마음을　잃게 되노라

二由一有 둘은 일로 말미암아 있는 것이니
一亦莫守 하나마저 지키려고 하지를 말라
一心不生 한 마음이 생겨나지 아니하면은
萬法無咎 모든 법의 허물들이 없어지노라

無咎無法 허물들이 없어지면 법 또한 없고
不生不心 불생이면 마음이랄 것도 없으니
能隨境滅 주체는 곧 대상 따라 멸하게 되고
境逐能沈 대상들은 주체 좇아 가라앉노라

境由能境 대상들은 주체 좇아 생긴 것이요
能由境能 주체는 곧 대상 따라 생겨나나니
欲知兩段 양쪽 모두 바로 알기 바랄진대는
元是一空 원래부터 일공임을 알아야 하네

일 공 동 량
一空同兩　　일공이면　양쪽 모두　같을뿐더러

제 함 만 상
齊含萬象　　삼라만상　모두를다　포함하나니

불 견 정 추
不見精麤　　정밀함과　거친 것을　구분않는데

영 유 편 당
寧有偏黨　　한쪽으로　치우침이　어찌있으리

대 도 체 관
大道體寬　　이대도는　그바탕이　넓고도 커서

무 이 무 난
無易無難　　쉬운 것도　어려움도　전혀없건만

소 견 호 의
小見狐疑　　여우처럼　소견으로　의심을 내니

전 급 전 지
轉急轉遲　　서둘수록　도리어더　늦어지노라

집 지 실 도
執之失度　　집착하여　애를쓰면　법도를잃어

필 입 사 로
必入邪路　　틀림없이　삿된길로　들어서나니

방 지 자 연
放之自然　　그냥 놓아　자연스레　맡겨 두어라

체 무 거 주
體無去住　　본바탕에　가고머묾　어찌 있으리

任性合道　내 본성에　그냥 맡겨　도와 합하면
逍遙絕惱　번뇌 모두　끊어져서　걸림이 없고
繫念乖眞　내 생각에　얽매여서　참됨 어기면
昏沈不好　혼침 속에　빠져들어　좋지가 않다

不好惱神　번뇌롭고　어지러워　좋지 않은데
何用疎親　무엇 하러　친과 소를　따지려느뇨
欲趣一乘　일승으로　나아가기　바랄진대는
勿惡六塵　바깥 육진　경계들을　싫어 말아라

六塵不惡　육진 경계　싫어하지　아니 할지면
還同正覺　되돌려서　바른 깨침　이루게 되니
智者無爲　지혜인은　이루려고　애씀 없건만
愚人自縛　우인들은　스스로를　얽어매노라

법 무 이 법
法無異法　　법은 본래　다른 법이　있지않건만
망 자 애 착
妄自愛着　　허망되이　스스로가　애착을가져
장 심 용 심
將心用心　　마음으로　제마음을　찾고있으니
기 비 대 착
豈非大錯　　어찌크게　그릇되지　아니하리오

미 생 적 난
迷生寂亂　　미혹하면　고요함과　산란함있고
오 무 호 오
悟無好惡　　깨달으면　좋고싫음　없게되건만
일 체 이 변
一切二邊　　모든것을　두가지로　나누어놓고
양 유 짐 작
良由斟酌　　제스스로　허망되이　짐작하누나

몽 환 공 화
夢幻空華　　헛된꿈과　허깨비와　허공의꽃을
하 로 파 착
何勞把捉　　어찌애써　붙잡으려　하는것인가
득 실 시 비
得失是非　　얻고잃고　옳고그른　모든것들을
일 시 방 각
一時放却　　한꺼번에　모두놓아　버릴지어다

안 약 불 수
眼若不睡　만약 눈에 잠이 붙어 있지 않으면
제 몽 자 제
諸夢自除　모든 꿈이 제 스스로 사라지듯이
심 약 불 이
心若不異　내 마음이 한결같아 다름없으면
만 법 일 여
萬法一如　모든 법이 한 가지로 여여하니라

일 여 체 현
一如體玄　한결같은 이 본체는 아주 깊어서
올 이 망 연
兀爾忘緣　우뚝 홀로 인연들을 모두 다 잊고
만 법 제 관
萬法齊觀　모든 법을 평등하게 관찰을 하여
귀 복 자 연
歸復自然　제 스스로 자연으로 돌아가노라

민 기 소 이
泯其所以　이런저런 까닭들이 다 사라져서
불 가 방 비
不可方比　무엇과도 비교할 수 없게 될지면
지 동 무 동
止動無動　그치면서 움직이나 움직임 없고
동 지 무 지
動止無止　움직이며 그치지만 그침 없도다

兩旣不成 들이이미 성립되지 아니하거늘
一何有爾 하나인들 어찌하여 있을것인가
究竟窮極 마지막의 구경자리 이르게 되면
不存軌則 법칙들이 따로있지 아니하노라

契心平等 내마음이 평등함에 계합을 하면
所作俱息 너와나를 모두함께 쉴 수가 있고
狐疑淨盡 여우같은 의심들이 다 없어져서
正信調直 바른믿음 조화롭게 서게 되노라

一切不留 모든것은 머무르지 아니하나니
無可記憶 가히기억 할만한 것 어디있는가
虛明自照 허허로운 밝은광명 절로비추니
不勞心力 애써마음 써야할일 따로없도다

非思量處 　분별하여 　헤아릴길 　전혀없으니
識情難測 　미한중생 　생각으로 　알기어렵네

眞如法界 　참되고도 　한결같은 　진여법계는
無他無自 　남도없고 　나도또한 　없음이로다
要急相應 　한시바삐 　상응하기 　원할진대는
唯言不二 　둘이아닌 　불이의법 　말할지어다

不二皆同 　둘아니니 　모두에다 　다름없어서
無不包容 　포용하지 　아니함이 　없기때문에
十方智者 　시방세계 　지혜로운 　모든이들은
皆入此宗 　하나같이 　이종지로 　들어오노라

宗非促延　이 종지는　빠르거나　늦음이 없어
一念萬年　한 생각이　곧 그대로　만년이 되고
無在不在　있고 있지　아니함이　따로 없기에
十方目前　시방세계　이 자리에　펼쳐지노라

極小同大　지극하게　작은 것은　큰 것과 같아
忘絶境界　그 경계가　어디인지　알 수가 없고
極大同小　아주 크면　작은 것과　다를 바 없어
不見邊表　끝나는 곳　어떠한지　보지 못하네

有卽是無　있는 것이　곧 그대로　없는 것이요
無卽是有　없는 것이　곧 그대로　있는 것이니
若不如此　만약 지금　이와 같지　아니하거든
不必須守　모름지기　지금 자리　지키지 말라

一卽一切　일즉일체　하나가 곧 모든 것이요
一切卽一　일체즉일　일체가 곧 하나이니라
但能如是　다만 능히　이와 같이 되고 있다면
何慮不畢　어찌하여　못 마칠까 걱정을 하리

信心不二　믿을 신과　마음 심은 둘이 아니니
不二信心　신과 심이　둘이 아닌 신심이 되면
言語道斷　언어로써　표현할 길 다 끊어지고
非去來今　과거 미래　현재 또한 있지 않노라

信心銘
신 심 명

지 도 무 난
至 道 無 難　　지극하게　참된도는　어려움없네

유 혐 간 택
唯 嫌 揀 擇　　꺼릴것은　오직하나　간택심이니

단 막 증 애
但 莫 憎 愛　　밉다 곱다　분별하는　마음없으면

통 연 명 백
洞 然 明 白　　탁 트여서　뚜렷하고　분명하도다

호 리 유 차
毫 釐 有 差　　털끝만한　차이라도　생기게 되면

천 지 현 격
天 地 懸 隔　　하늘과 땅　만큼이나　벌어지나니

욕 득 현 전
欲 得 現 前　　이 자리에　나타나기　바랄진대는

막 존 순 역
莫 存 順 逆　　맞다거나　어긋난다　하지를 말라

위 순 상 쟁
違順相爭　어긋난다 맞다 하며 다투게 되면

시 위 심 병
是爲心病　그 다툼이 곧 마음의 병이 되건만

불 식 현 지
不識玄旨　깊은 뜻을 분명하게 알지 못한 채

도 로 염 정
徒勞念靜　생각만을 고요하게 하려 하누나

원 동 태 허
圓同太虛　원만함이 가이없는 허공 같아서

무 흠 무 여
無欠無餘　모자람과 남는 것이 전혀 없건만

양 유 취 사
良由取捨　취하거나 버림으로 말미암아서

소 이 불 여
所以不如　허공처럼 원만하게 되지 못하네

막 축 유 연
莫逐有緣　인연들을 좇아가려 하지도 말고

물 주 공 인
勿住空忍　공의 법에 머물고자 하지도 말라

일 종 평 회
一種平懷　한가지를 계속 품고 나아갈지면

민 연 자 진
泯然自盡　헛된 것은 제 스스로 다하느니라

지 동 귀 지
止動歸止 　동함 멈춰 그침으로 돌아갈지면

지 갱 미 동
止更彌動 　그침 다시 동요하여 움직이나니

유 체 양 변
唯滯兩邊 　양쪽 끝에 머물러서 막혀있거늘

영 지 일 종
寧知一種 　어찌 능히 한가지를 알 수 있으리

일 종 불 통
一種不通 　한가지에 통하지를 못하게 되면

양 처 실 공
兩處失功 　양쪽 끝에 머물러서 공덕 잃나니

견 유 몰 유
遣有沒有 　있는 유를 버릴지면 유에 빠지고

종 공 배 공
從空背空 　텅빈 공을 따를지면 공을 등지네

다 언 다 려
多言多慮 　말이 많고 생각들이 많은 이들은

전 불 상 응
轉不相應 　그릇 굴러 참된 도와 상응 못하고

절 언 절 려
絶言絶慮 　말을 끊고 생각들을 끊어 버리면

무 처 불 통
無處不通 　어디에든 걸림없이 통하게 되네

歸根得旨　근원으로 돌아가면 본뜻을 얻고
隨照失宗　바깥비춤 따라가면 본뜻잃나니
須臾返照　잠깐 동안 스스로를 반조하는 것
勝脚前空　앞서말한 공보다더 뛰어나니라

前空轉變　앞의 공이 다시 굴러 변하게 되면
皆由妄見　모두가 다 망견으로 뒤바뀌나니
不用求眞　애써 참됨 구하려고 하지를말고
唯須息見　오직 헛된 견해들을 쉬어 보아라

二見不住　맞고그른 두견해에 머물지말고
愼勿追尋　애써 도를 찾겠다고 하지도 말라
纔有是非　조그마한 시비라도 일으킬지면
紛然失心　어지러워 본마음을 잃게 되노라

二由一有　둘은 일로 말미암아 있는 것이니
一亦莫守　하나마저 지키려고 하지를 말라
一心不生　한 마음이 생겨나지 아니하면은
萬法無咎　모든 법의 허물들이 없어지노라

無咎無法　허물들이 없어지면 법 또한 없고
不生不心　불생이면 마음이랄 것도 없으니
能隨境滅　주체는 곧 대상 따라 멸하게 되고
境逐能沈　대상들은 주체 좇아 가라앉노라

境由能境　대상들은 주체 좇아 생긴 것이요
能由境能　주체는 곧 대상 따라 생겨나나니
欲知兩段　양쪽 모두 바로 알기 바랄진대는
元是一空　원래부터 일공임을 알아야 하네

一空同兩　　일공이면　양쪽 모두　같을뿐더러
齊含萬象　　삼라만상　모두를 다　포함하나니
不見精麤　　정밀함과　거친 것을　구분않는데
寧有偏黨　　한쪽으로　치우침이　어찌 있으리

大道體寬　　이 대도는　그 바탕이　넓고도 커서
無易無難　　쉬운 것도　어려움도　전혀 없건만
小見狐疑　　여우처럼　소견으로　의심을 내니
轉急轉遲　　서둘수록　도리어 더　늦어지노라

執之失度　　집착하여　애를 쓰면　법도를 잃어
必入邪路　　틀림없이　삿된 길로　들어서나니
放之自然　　그냥 놓아　자연스레　맡겨 두어라
體無去住　　본 바탕에　가고 머묾　어찌 있으리

任性合道 내 본성에 그냥 맡겨 도와 합하면
逍遙絶惱 번뇌 모두 끊어져서 걸림이 없고
繫念乖眞 내 생각에 얽매여서 참됨 어기면
昏沈不好 혼침 속에 빠져들어 좋지가 않다

不好惱神 번뇌롭고 어지러워 좋지 않은데
何用疎親 무엇 하러 친과 소를 따지려느뇨
欲趣一乘 일승으로 나아가기 바랄진대는
勿惡六塵 바깥 육진 경계들을 싫어 말아라

六塵不惡 육진 경계 싫어하지 아니 할지면
還同正覺 되돌려서 바른 깨침 이루게 되니
智者無爲 지혜인은 이루려고 애씀 없건만
愚人自縛 우인들은 스스로를 얽어매노라

^{법 무 이 법}
法無異法　법은 본래　다른법이　있지않건만

^{망 자 애 착}
妄自愛着　허망되이　스스로가　애착을가져

^{장 심 용 심}
將心用心　마음으로　제마음을　찾고있으니

^{기 비 대 착}
豈非大錯　어찌크게　그릇되지　아니하리오

^{미 생 적 난}
迷生寂亂　미혹하면　고요함과　산란함있고

^{오 무 호 오}
悟無好惡　깨달으면　좋고싫음　없게되건만

^{일 체 이 변}
一切二邊　모든것을　두가지로　나누어놓고

^{양 유 짐 작}
良由斟酌　제스스로　허망되이　짐작하누나

^{몽 환 공 화}
夢幻空華　헛된꿈과　허깨비와　허공의꽃을

^{하 로 파 착}
何勞把捉　어찌애써　붙잡으려　하는것인가

^{득 실 시 비}
得失是非　얻고잃고　옳고그른　모든것들을

^{일 시 방 각}
一時放却　한꺼번에　모두놓아　버릴지어다

안 약 불 수
眼若不睡　　만약 눈에　잠이 붙어　있지않으면

제 몽 자 제
諸夢自除　　모든 꿈이　제 스스로　사라지듯이

심 약 불 이
心若不異　　내 마음이　한결같아　다름없으면

만 법 일 여
萬法一如　　모든 법이　한가지로　여여하니라

일 여 체 현
一如體玄　　한결같은　이 본체는　아주깊어서

올 이 망 연
兀爾忘緣　　우뚝 홀로　인연들을　모두다 잊고

만 법 제 관
萬法齊觀　　모든 법을　평등하게　관찰을 하여

귀 복 자 연
歸復自然　　제 스스로　자연으로　돌아가노라

민 기 소 이
泯其所以　　이런저런　까닭들이　다 사라져서

불 가 방 비
不可方比　　무엇과도　비교할 수　없게 될지면

지 동 무 동
止動無動　　그치면서　움직이나　움직임없고

동 지 무 지
動止無止　　움직이며　그치지만　그침 없도다

兩旣不成　둘이이미　성립되지　아니하거늘
一何有爾　하나인들　어찌하여　있을것인가
究竟窮極　마지막의　구경자리　이르게되면
不存軌則　법칙들이　따로있지　아니하노라

契心平等　내마음이　평등함에　계합을하면
所作俱息　너와나를　모두함께　쉴수가있고
狐疑淨盡　여우같은　의심들이　다없어져서
正信調直　바른믿음　조화롭게　서게되노라

一切不留　모든것은　머무르지　아니하나니
無可記憶　가히기억　할만한것　어디있는가
虛明自照　허허로운　밝은광명　절로비추니
不勞心力　애써마음　써야할일　따로없도다

非思量處 분별하여 헤아릴길 전혀없으니
識情難測 미한 중생 생각으로 알기어렵네

眞如法界 참되고도 한결같은 진여법계는
無他無自 남도없고 나도또한 없음이로다
要急相應 한시바삐 상응하기 원할진대는
唯言不二 둘이아닌 불이의법 말할지어다

不二皆同 둘아니니 모두에다 다름없어서
無不包容 포용하지 아니함이 없기때문에
十方智者 시방세계 지혜로운 모든이들은
皆入此宗 하나같이 이종지로 들어오노라

종비촉연
宗非促延　이 종지는　빠르거나　늦음이 없어

일념만년
一念萬年　한 생각이　곧 그대로　만년이 되고

무재부재
無在不在　있고있지　아니함이　따로없기에

시방목전
十方目前　시방세계　이 자리에　펼쳐지노라

극소동대
極小同大　지극하게　작은것은　큰 것과 같아

망절경계
忘絶境界　그 경계가　어디인지　알 수가 없고

극대동소
極大同小　아주크면　작은 것과　다를 바 없어

불견변표
不見邊表　끝나는 곳　어떠한지　보지 못하네

유즉시무
有卽是無　있는 것이　곧 그대로　없는 것이요

무즉시유
無卽是有　없는 것이　곧 그대로　있는 것이니

약불여차
若不如此　만약 지금　이와 같지　아니 하거든

불필수수
不必須守　모름지기　지금 자리　지키지 말라

一即一切　일즉일체　하나가 곧 모든것이요

一切即一　일체즉일　일체가 곧 하나이니라

但能如是　다만 능히 이와 같이 되고 있다면

何慮不畢　어찌하여 못 마칠까 걱정을 하리

信心不二　믿을신과 마음심은 둘이아니니

不二信心　신과 심이 둘이아닌 신심이 되면

言語道斷　언어로써 표현할길 다 끊어지고

非去來今　과거미래 현재 또한 있지않노라

信心銘
신 심 명

지 도 무 난
至道無難 지극하게 참된 도는 어려움 없네

유 혐 간 택
唯嫌揀擇 꺼릴 것은 오직 하나 간택심이니

단 막 증 애
但莫憎愛 밉다 곱다 분별하는 마음 없으면

통 연 명 백
洞然明白 탁 트여서 뚜렷하고 분명하도다

호 리 유 차
毫釐有差 털끝만한 차이라도 생기게 되면

천 지 현 격
天地懸隔 하늘과 땅 만큼이나 벌어지나니

욕 득 현 전
欲得現前 이 자리에 나타나기 바랄진대는

막 존 순 역
莫存順逆 맞다거나 어긋난다 하지를 말라

違順相爭　어긋난다 맞다 하며 다투게 되면
是爲心病　그 다툼이 곧 마음의 병이 되건만
不識玄旨　깊은 뜻을 분명하게 알지 못한 채
徒勞念靜　생각만을 고요하게 하려 하누나

圓同太虛　원만함이 가이없는 허공 같아서
無欠無餘　모자람과 남는 것이 전혀 없건만
良由取捨　취하거나 버림으로 말미암아서
所以不如　허공처럼 원만하게 되지 못하네

莫逐有緣　인연들을 좇아가려 하지도 말고
勿住空忍　공의 법에 머물고자 하지도 말라
一種平懷　한 가지를 계속 품고 나아갈지면
泯然自盡　헛된 것은 제 스스로 다하느니라

止動歸止　동함 멈춰　그침으로　돌아갈지면
止更彌動　그침 다시　동요하여　움직이나니
唯滯兩邊　양쪽 끝에　머물러서　막혀 있거늘
寧知一種　어찌 능히　한가지를　알 수 있으리

一種不通　한가지에　통하지를　못하게 되면
兩處失功　양쪽 끝에　머물러서　공덕 잃나니
遣有沒有　있는 유를　버릴지면　유에 빠지고
從空背空　텅빈 공을　따를지면　공을 등지네

多言多慮　말이 많고　생각들이　많은 이들은
轉不相應　그릇 굴러　참된 도와　상응 못하고
絶言絶慮　말을 끊고　생각들을　끊어 버리면
無處不通　어디에든　걸림 없이　통하게 되네

歸根得旨　근원으로　돌아가면　본뜻을 얻고

隨照失宗　바깥 비춤　따라가면　본뜻 잃나니

須臾返照　잠깐 동안　스스로를　반조하는 것

勝脚前空　앞서 말한　공보다 더　뛰어나니라

前空轉變　앞의 공이　다시 굴러　변하게 되면

皆由妄見　모두가 다　망견으로　뒤바뀌나니

不用求眞　애써 참됨　구하려고　하지를 말고

唯須息見　오직 헛된　견해들을　쉬어 보아라

二見不住　맞고 그른　두 견해에　머물지 말고

愼勿追尋　애써 도를　찾겠다고　하지도 말라

纔有是非　조그마한　시비라도　일으킬지면

紛然失心　어지러워　본마음을　잃게 되노라

二由一有 둘은 일로 말미암아 있는 것이니

一亦莫守 하나마저 지키려고 하지를 말라

一心不生 한 마음이 생겨나지 아니하면은

萬法無咎 모든 법의 허물들이 없어지노라

無咎無法 허물들이 없어지면 법 또한 없고

不生不心 불생이면 마음이랄 것도 없으니

能隨境滅 주체는 곧 대상 따라 멸하게 되고

境逐能沈 대상들은 주체 좇아 가라앉노라

境由能境 대상들은 주체 좇아 생긴 것이요

能由境能 주체는 곧 대상 따라 생겨나나니

欲知兩段 양쪽 모두 바로 알기 바랄진대는

元是一空 원래부터 일공임을 알아야 하네

一空同兩　　일공이면　양쪽 모두　같을뿐더러

齊含萬象　　삼라만상　모두를다　포함하나니

不見精麤　　정밀함과　거친 것을　구분 않는데

寧有偏黨　　한쪽으로　치우침이　어찌 있으리

大道體寬　　이 대도는　그 바탕이　넓고도 커서

無易無難　　쉬운 것도　어려움도　전혀 없건만

小見狐疑　　여우처럼　소견으로　의심을 내니

轉急轉遲　　서둘수록　도리어더　늦어지노라

執之失度　　집착하여　애를 쓰면　법도를 잃어

必入邪路　　틀림없이　삿된길로　들어서나니

放之自然　　그냥 놓아　자연스레　맡겨 두어라

體無去住　　본 바탕에　가고 머묾　어찌 있으리

임 성 합 도
任性合道　내 본성에　그냥 맡겨　도와 합하면
소 요 절 뇌
逍遙絶惱　번뇌 모두　끊어져서　걸림이 없고
계 념 괴 진
繫念乖眞　내 생각에　얽매여서　참됨 어기면
혼 침 불 호
昏沈不好　혼침 속에　빠져들어　좋지가 않다

불 호 뇌 신
不好惱神　번뇌롭고　어지러워　좋지 않은데
하 용 소 친
何用疎親　무엇 하러　친과 소를　따지려느뇨
욕 취 일 승
欲趣一乘　일승으로　나아가기　바랄진대는
물 오 육 진
勿惡六塵　바깥 육진　경계들을　싫어 말아라

육 진 불 오
六塵不惡　육진 경계　싫어하지　아니 할지면
환 동 정 각
還同正覺　되돌려서　바른 깨침　이루게 되니
지 자 무 위
智者無爲　지혜인은　이루려고　애씀 없건만
우 인 자 박
愚人自縛　우인들은　스스로를　얽어매노라

법무이법
法無異法　법은 본래　다른법이　있지않건만

망자애착
妄自愛着　허망되이　스스로가　애착을가져

장심용심
將心用心　마음으로　제마음을　찾고있으니

기비대착
豈非大錯　어찌크게　그릇되지　아니하리오

미생적난
迷生寂亂　미혹하면　고요함과　산란함있고

오무호오
悟無好惡　깨달으면　좋고싫음　없게되건만

일체이변
一切二邊　모든것을　두가지로　나누어놓고

양유짐작
良由斟酌　제스스로　허망되이　짐작하누나

몽환공화
夢幻空華　헛된꿈과　허깨비와　허공의꽃을

하로파착
何勞把捉　어찌애써　붙잡으려　하는것인가

득실시비
得失是非　얻고잃고　옳고그른　모든것들을

일시방각
一時放却　한꺼번에　모두놓아　버릴지어다

안 약 불 수
眼若不睡　　만약 눈에　잠이 붙어　있지않으면

제 몽 자 제
諸夢自除　　모든 꿈이　제 스스로　사라지듯이

심 약 불 이
心若不異　　내 마음이　한결같아　다름없으면

만 법 일 여
萬法一如　　모든 법이　한가지로　여여하니라

일 여 체 현
一如體玄　　한결같은　이 본체는　아주깊어서

올 이 망 연
兀爾忘緣　　우뚝 홀로　인연들을　모두다 잊고

만 법 제 관
萬法齊觀　　모든 법을　평등하게　관찰을 하여

귀 복 자 연
歸復自然　　제 스스로　자연으로　돌아가노라

민 기 소 이
泯其所以　　이런저런　까닭들이　다 사라져서

불 가 방 비
不可方比　　무엇과도　비교할 수　없게 될지면

지 동 무 동
止動無動　　그치면서　움직이나　움직임 없고

동 지 무 지
動止無止　　움직이며　그치지만　그침 없도다

兩旣不成　둘이이미　성립되지　아니하거늘
一何有爾　하나인들　어찌하여　있을것인가
究竟窮極　마지막의　구경자리　이르게 되면
不存軌則　법칙들이　따로있지　아니하노라

契心平等　내마음이　평등함에　계합을 하면
所作俱息　너와나를　모두함께　쉴수가 있고
狐疑淨盡　여우같은　의심들이　다없어져서
正信調直　바른믿음　조화롭게　서게되노라

一切不留　모든것은　머무르지　아니하나니
無可記憶　가히기억　할만한것　어디있는가
虛明自照　허허로운　밝은광명　절로비추니
不勞心力　애써마음　써야할일　따로없도다

비 사 량 처
非思量處 분별하여 헤아릴길 전혀없으니
식 정 난 측
識情難測 미한 중생 생각으로 알기어렵네

진 여 법 계
眞如法界 참되고도 한결같은 진여법계는
무 타 무 자
無他無自 남도없고 나도또한 없음이로다
요 급 상 응
要急相應 한시바삐 상응하기 원할진대는
유 언 불 이
唯言不二 둘이아닌 불이(不二)의법 말할지어다

불 이 개 동
不二皆同 둘아니니 모두에다 다름없어서
무 불 포 용
無不包容 포용하지 아니함이 없기때문에
시 방 지 자
十方智者 시방세계 지혜로운 모든이들은
개 입 차 종
皆入此宗 하나같이 이 종지(宗旨)로 들어오노라

宗非促延　이 종지는　빠르거나　늦음이 없어
一念萬年　한 생각이　곧 그대로　만년이 되고
無在不在　있고 있지　아니함이　따로 없기에
十方目前　시방세계　이 자리에　펼쳐지노라

極小同大　지극하게　작은 것은　큰 것과 같아
忘絶境界　그 경계가　어디인지　알 수가 없고
極大同小　아주 크면　작은 것과　다를 바 없어
不見邊表　끝나는 곳　어떠한지　보지 못하네

有卽是無　있는 것이　곧 그대로　없는 것이요
無卽是有　없는 것이　곧 그대로　있는 것이니
若不如此　만약 지금　이와 같지　아니하거든
不必須守　모름지기　지금 자리　지키지 말라

一卽一切　일즉일체　하나가 곧 모든 것이요
一切卽一　일체즉일　일체가 곧 하나이니라
但能如是　다만 능히　이와 같이 되고 있다면
何慮不畢　어찌하여　못 마칠까 걱정을 하리

信心不二　믿을 신과　마음 심은 둘이 아니니
不二信心　신과 심이　둘이 아닌 신심이 되면
言語道斷　언어로써　표현할 길 다 끊어지고
非去來今　과거 미래　현재 또한 있지 않노라

信心銘
신 심 명

至道無難 지극하게 참된도는 어려움없네
지 도 무 난

唯嫌揀擇 꺼릴것은 오직하나 간택심이니
유 혐 간 택

但莫憎愛 밉다곱다 분별하는 마음없으면
단 막 증 애

洞然明白 탁트여서 뚜렷하고 분명하도다
통 연 명 백

毫釐有差 털끝만한 차이라도 생기게되면
호 리 유 차

天地懸隔 하늘과땅 만큼이나 벌어지나니
천 지 현 격

欲得現前 이자리에 나타나기 바랄진대는
욕 득 현 전

莫存順逆 맞다거나 어긋난다 하지를말라
막 존 순 역

違順相爭 어긋난다 맞다 하며 다투게 되면
是爲心病 그 다툼이 곧 마음의 병이 되건만
不識玄旨 깊은 뜻을 분명하게 알지 못한 채
徒勞念靜 생각만을 고요하게 하려 하누나

圓同太虛 원만함이 가이없는 허공 같아서
無欠無餘 모자람과 남는 것이 전혀 없건만
良由取捨 취하거나 버림으로 말미암아서
所以不如 허공처럼 원만하게 되지 못하네

莫逐有緣 인연들을 좇아가려 하지도 말고
勿住空忍 공의 법에 머물고자 하지도 말라
一種平懷 한가지를 계속 품고 나아갈지면
泯然自盡 헛된 것은 제 스스로 다하느니라

止動歸止　동함 멈춰　그침으로　돌아갈지면
止更彌動　그침다시　동요하여　움직이나니
唯滯兩邊　양쪽 끝에　머물러서　막혀있거늘
寧知一種　어찌 능히　한가지를　알 수 있으리

一種不通　한가지에　통하지를　못하게 되면
兩處失功　양쪽 끝에　머물러서　공덕 잃나니
遣有沒有　있는 유를　버릴지면　유에 빠지고
從空背空　텅빈 공을　따를지면　공을 등지네

多言多慮　말이 많고　생각들이　많은 이들은
轉不相應　그릇 굴러　참된 도와　상응 못하고
絶言絶慮　말을 끊고　생각들을　끊어 버리면
無處不通　어디에든　걸림없이　통하게 되네

歸根得旨　근원으로　돌아가면　본뜻을 얻고
隨照失宗　바깥비춤　따라가면　본뜻 잃나니
須臾返照　잠깐 동안　스스로를　반조하는 것
勝脚前空　앞서 말한　공보다 더　뛰어나니라

前空轉變　앞의 공이　다시 굴러　변하게 되면
皆由妄見　모두가 다　망견으로　뒤바뀌나니
不用求眞　애써 참됨　구하려고　하지를 말고
唯須息見　오직 헛된　견해들을　쉬어 보아라

二見不住　맞고 그른　두 견해에　머물지 말고
愼勿追尋　애써 도를　찾겠다고　하지도 말라
纔有是非　조그마한　시비라도　일으킬지면
紛然失心　어지러워　본마음을　잃게 되노라

二由一有 둘은 일로 말미암아 있는 것이니

一亦莫守 하나마저 지키려고 하지를 말라

一心不生 한 마음이 생겨나지 아니하면은

萬法無咎 모든 법의 허물들이 없어지노라

無咎無法 허물들이 없어지면 법 또한 없고

不生不心 불생이면 마음이랄 것도 없으니

能隨境滅 주체는 곧 대상 따라 멸하게 되고

境逐能沈 대상들은 주체 좇아 가라앉노라

境由能境 대상들은 주체 좇아 생긴 것이요

能由境能 주체는 곧 대상 따라 생겨나나니

欲知兩段 양쪽 모두 바로 알기 바랄진대는

元是一空 원래부터 일공임을 알아야 하네

일공동량
一空同兩　　일공이면　양쪽모두　같을뿐더러

제함만상
齊含萬象　　삼라만상　모두를다　포함하나니

불견정추
不見精麤　　정밀함과　거친것을　구분않는데

영유편당
寧有偏黨　　한쪽으로　치우침이　어찌있으리

대도체관
大道體寬　　이대도는　그바탕이　넓고도커서

무이무난
無易無難　　쉬운것도　어려움도　전혀없건만

소견호의
小見狐疑　　여우처럼　소견으로　의심을내니

전급전지
轉急轉遲　　서둘수록　도리어더　늦어지노라

집지실도
執之失度　　집착하여　애를쓰면　법도를잃어

필입사로
必入邪路　　틀림없이　삿된길로　들어서나니

방지자연
放之自然　　그냥놓아　자연스레　맡겨두어라

체무거주
體無去住　　본바탕에　가고머묾　어찌있으리

任性合道　내 본성에　그냥 맡겨　도와 합하면
逍遙絶惱　번뇌 모두　끊어져서　걸림이 없고
繫念乖眞　내 생각에　얽매여서　참됨 어기면
昏沈不好　혼침 속에　빠져들어　좋지가 않다

不好惱神　번뇌롭고　어지러워　좋지 않은데
何用疎親　무엇 하러　친과 소를　따지려느뇨
欲趣一乘　일승으로　나아가기　바랄진대는
勿惡六塵　바깥 육진　경계들을　싫어 말아라

六塵不惡　육진 경계　싫어하지　아니할지면
還同正覺　되돌려서　바른 깨침　이루게 되니
智者無爲　지혜인은　이루려고　애씀 없건만
愚人自縛　우인들은　스스로를　얽어매노라

法無異法　법은 본래　다른 법이　있지 않건만
妄自愛着　허망되이　스스로가　애착을 가져
將心用心　마음으로　제 마음을　찾고 있으니
豈非大錯　어찌 크게　그릇되지　아니 하리오

迷生寂亂　미혹하면　고요함과　산란함 있고
悟無好惡　깨달으면　좋고 싫음　없게 되건만
一切二邊　모든 것을　두 가지로　나누어 놓고
良由斟酌　제 스스로　허망되이　짐작하누나

夢幻空華　헛된 꿈과　허깨비와　허공의 꽃을
何勞把捉　어찌 애써　붙잡으려　하는 것인가
得失是非　얻고 잃고　옳고 그른　모든 것들을
一時放却　한꺼번에　모두 놓아　버릴지어다

眼若不睡 만약 눈에 잠이 붙어 있지 않으면
諸夢自除 모든 꿈이 제 스스로 사라지듯이
心若不異 내 마음이 한결같아 다름없으면
萬法一如 모든 법이 한 가지로 여여하니라

一如體玄 한결같은 이 본체는 아주 깊어서
兀爾忘緣 우뚝 홀로 인연들을 모두 다 잊고
萬法齊觀 모든 법을 평등하게 관찰을 하여
歸復自然 제 스스로 자연으로 돌아가노라

泯其所以 이런저런 까닭들이 다 사라져서
不可方比 무엇과도 비교할 수 없게 될지면
止動無動 그치면서 움직이나 움직임 없고
動止無止 움직이며 그치지만 그침없도다

兩旣不成 둘이이미 성립되지 아니하거늘

一何有爾 하나인들 어찌하여 있을것인가

究竟窮極 마지막의 구경자리 이르게 되면

不存軌則 법칙들이 따로있지 아니하노라

契心平等 내마음이 평등함에 계합을 하면

所作俱息 너와나를 모두함께 쉴 수가 있고

狐疑淨盡 여우같은 의심들이 다 없어져서

正信調直 바른믿음 조화롭게 서게 되노라

一切不留 모든것은 머무르지 아니하나니

無可記憶 가히기억 할만한것 어디있는가

虛明自照 허허로운 밝은광명 절로비추니

不勞心力 애써마음 써야할일 따로없도다

非思量處 분별하여 헤아릴길 전혀없으니
識情難測 미한 중생 생각으로 알기 어렵네

眞如法界 참되고도 한결같은 진여법계는
無他無自 남도없고 나도또한 없음이로다
要急相應 한시바삐 상응하기 원할진대는
唯言不二 둘이아닌 불이(不二)의법 말할지어다

不二皆同 둘아니니 모두에다 다름없어서
無不包容 포용하지 아니함이 없기때문에
十方智者 시방세계 지혜로운 모든이들은
皆入此宗 하나같이 이 종지(宗旨)로 들어오노라

종비촉연
宗非促延　이 종지는　빠르거나　늦음이없어

일념만년
一念萬年　한 생각이　곧 그대로　만년이되고

무재부재
無在不在　있고있지　아니함이　따로없기에

시방목전
十方目前　시방세계　이 자리에　펼쳐지노라

극소동대
極小同大　지극하게　작은 것은　큰 것과같아

망절경계
忘絶境界　그 경계가　어디인지　알 수가없고

극대동소
極大同小　아주 크면　작은 것과　다를 바없어

불견변표
不見邊表　끝나는곳　어떠한지　보지 못하네

유즉시무
有卽是無　있는것이　곧 그대로　없는것이요

무즉시유
無卽是有　없는것이　곧 그대로　있는것이니

약불여차
若不如此　만약지금　이와 같지　아니 하거든

불필수수
不必須守　모름지기　지금 자리　지키지 말라

一卽一切　일즉일체　하나가 곧 모든 것이요

一切卽一　일체즉일　일체가 곧 하나이니라

但能如是　다만 능히　이와 같이 되고 있다면

何慮不畢　어찌하여　못 마칠까 걱정을 하리

信心不二　믿을 신과　마음 심은 둘이 아니니

不二信心　신과 심이　둘이 아닌 신심이 되면

言語道斷　언어로써　표현할 길 다 끊어지고

非去來今　과거 미래　현재 또한 있지 않노라

신심명 독송·사경

초 판 1쇄 펴낸날 2025년 12월 23일

편역자 김현준 / 펴낸이 김연수 / 펴낸곳 새벽숲
등록일 2009년 12월 28일 (제 321-2009-000242호)
주 소 서울특별시 서초구 반포대로14길 30, 906호 (서초동, 센츄리Ⅰ)
전 화 02-582-6612, 587-6612 / 팩스 02-586-9078
이메일 hyorim@nate.com

값 5,000원
ⓒ새벽숲 2025 / ISBN 979-11-87459-13-2(03220)

새벽숲은 효림출판사의 자매회사입니다(새벽숲은 曉林의 한글풀이).
표지 그림 : 선문촬요의 제3조 승찬대사